Primera edición mayo de 2024

© Diego Fernández Magdaleno
© de esta edición, Editorial Páramo
www.editorialparamo.com
editorialparamo@gmail.com / 646346731
Coordinación: Javier Campelo Bermejo
Fotografía de solapa: Ángel Marcos

ISBN: 978-84-128128-7-9
Núm. DL: VA 195-2024
Impreso en España – Printed in Spain
Impreso en Estugraf

AUSENCIAS EN CAMINO

Diego Fernández Magdaleno

editorial
PÁRAMO
*
l í r i c a

AUSENCIAS EN CAMINO

Diego Fernández Magdaleno

A Tere y a Pablo

La arena es infinita, el desierto acaba.

FERNANDO ARAMBURU

VOLVER

A veces el pasado vuelve cuando ya no estamos.

VICTORIA LEÓN

I

El espejismo
era escuchar tu voz
en otros labios:
el viaje de la ausencia a su destino.

II

No siempre
el deseo es despertar:
a veces son palabras
que se desnudan
hasta el silencio.
A veces es la luz
quien sueña con lo oscuro al sonreír.

III

La ventana
       el olivo:
su máscara entregándose a tu espejo.

IV

A Teresa Catalán

Ya rueda por el bosque
el fuego de la muerte, las campanas
que vibran en tus dedos
y me rozan los labios, mientras lloras.

V

Cómo el invierno puede
dormir cuando esperamos
una sola mirada
que merezca otra vez
 el sauce del perdón.

VI

A tu vuelta encontré
nubes y huellas
bajo la almohada.

VII

Los hilos y las ramas
ocultaban tu voz.
Quise abrir el silencio
y escucharte en la noche
como lluvia feliz sobre la arena.

VIII

A Pilar Ramos
A Manuel Cuenca

Brilla en la librería
una ilusión de hogar
con migas de sorpresa:
así caen las palabras
al abrir vuestras manos.

IX

Para Eva Gigosos

El armario con flores
y el rincón donde guardas
los ríos ya olvidados.
La vida en el papel
como un árbol dormido.

X

Fueron antes mentira
la soledad y el tiempo.
Antes, lejos, los brotes
de encinas y columnas,
de ausencias en camino.

LITURGIAS DEL TIEMPO

Y luego una cruz en la selva de cruces.

KYRA GALVÁN

I

El deseo
roba la oscuridad de la que nace
y la esconde al mostrarla.
Así llega el vacío
a despertar la vida.

II

Quien olvida la sed
pero recuerda el agua
deja que lo escondido
se haga eterno en su rostro.

III

Para Ángeles Porres

Un día me enseñaste
dónde vuelve la muerte
a ser un manantial,
cómo son las cenizas
aliento que no cesa.

IV

El círculo y las torres,
otra noche que muere
y se entrega en su espuma,

sin deseo ni olvido
pero abrazada a ti.

V

Reconocer la sombra
del cine en una mano,
los ojos que se cierran:
las liturgias del tiempo.

REFLEJOS

Estoy en todo lo que he mirado.
LUIS FELIPE COMENDADOR

I

GIACOMO LEOPARDI

La biblioteca
enciende ya la luz
de Recanati.
Quién mide esa distancia
si Virgilio
extiende al infinito
tu inclinación eterna.

Decir útil o inútil
es ajeno a la voz
de la belleza, duerme
entre las colinas del paraíso
que fabrica recuerdos
en una oscuridad que se despierta.

II

EMILY DICKINSON

El herbario y los versos,
la tinta siempre nueva
abriéndose en el campo
para crecer en ti.

III

Virginia Woolf

En tu mano, la pluma,
y una mancha de tinta
como siempre en el labio.

Estás de pie,
se oyen lejos los trenes
y recuerdas
las flores de Vanessa
y los ojos de Vita.

Orlando cruza el tiempo
cuando escuchas el agua
igual que un niño siente
el rostro que le acuna.

IV

SYLVIA PLATH

Sabe el amor
su paciencia perdida,

los pasos de la tarde
y el vapor del recuerdo,

el mar y aquellas cartas, tus dibujos
en las manos de Frieda,

esos versos mojados
que volvieron a ser
los espejos del sueño.

V

FRANCISCO PINO

El cuaderno cerrado que dibuja
un sepulcro a las nubes,
los álamos que agitan tu regreso:
suya es la voz del aire.

ÚLTIMA LUZ

Duda el pájaro, y dudando, más asciende.

JULIA OTXOA

I

Quieren tus ojos límites,
escarcha entre los párpados:
el aire de lo oscuro
arroja en las hogueras
el amor y sus lámparas.

II

Hería el resplandor:
otras luces anuncian
los aullidos enfermos
de las devastaciones.

III

A Joaquín Díaz

Y la música entonces, el paisaje
todavía impaciente, la muralla
dispuesta a ser contigo
la voz de la memoria.

IV

Era el miedo tu sueño
de la vejez, la boca
del insomnio y la lluvia.

V

A Pedro Aizpurua

Escuchas un temblor
y no traduces
su pálpito en las ramas.
El silencio te acoge
como un vientre perfecto.
Siempre en ti es mediodía.

VI

Llegaron sin querer
las palabras que ocultan
el horizonte roto.
Cae la nieve de abril
sobre el dolor del tiempo.

VII

Un relámpago tiembla en tu camino:
esas huellas son fósiles
de todos los anhelos
que dejaste morir.

VIII

Suele ser un otoño
el destino del éxtasis,
como suena una voz
que afirma la belleza
sin negar el vacío.

IX

Así cruzan tu ausencia las palabras,
el tiempo que transforma y ya no olvida.
Te encuentro en esa fuente
que da más sed, papá,
cuando despierto.

X

Eran las zarzas de la madrugada,
la sangre ardiendo en ellas,
su última luz

      sin mí.

Índice

VOLVER

LITURGIAS DEL TIEMPO

REFLEJOS

ÚLTIMA LUZ

Este libro se editó en
Valladolid en mayo
de 2024